CHAMBRE DE COMMERCE

D'ABBEVILLE

SUCRERIE INDIGÈNE

EXAMEN DES PROJETS DE LOI

DESTINÉS À MODIFIER LA LOI DU 31 JUILLET 1884

QUI A ÉTABLI

L'IMPOT SUR LA BETTERAVE

Séance du 25 Mai 1886

ABBEVILLE

IMPRIMERIE C. PAILLART

24, rue de l'Hôtel-de-Ville, 24

1886

CHAMBRE DE COMMERCE
D'ABBEVILLE

SUCRERIE INDIGÈNE

EXAMEN DES PROJETS DE LOI

DESTINÉS A MODIFIER LA LOI DU 31 JUILLET 1884

QUI A ÉTABLI

L'IMPOT SUR LA BETTERAVE

Séance du 25 Mai 1886

ABBEVILLE
IMPRIMERIE C. PAILLART
24, rue de l'Hôtel-de-Ville, 24

1886

CHAMBRE DE COMMERCE

D'ABBEVILLE

Séance du 25 Mai 1886

Présidence de M. A. MONCHAUX

M. le Président expose à la Chambre l'inquiétude qui s'est répandue, depuis quelques jours, parmi les Fabricants de sucre indigène et les Agriculteurs de la région du Nord, par suite de l'intention manifestée par le Gouvernement de porter une grave atteinte à la loi du 31 juillet 1884 qui a établi l'impôt sur la betterave.

M. GARRY, l'un des Membres correspondants de la Chambre de commerce, avait, en octobre et en février dernier, traité dans deux rapports la question de surtaxe des sucres étrangers et démontré d'une façon victorieuse le mal fondé des prétentions de la raffinerie de Marseille.

Aujourd'hui le terrain du débat s'est modifié et les nouveaux projets mettent complètement en péril l'industrie sucrière.

M. GARRY a bien voulu examiner avec toute sa compétence les questions nouvelles qui ont surgi dans le sein de la Commission parlementaire chargée d'étudier la question de surtaxe, et M. le Président invite M. GARRY, présent à la séance, à bien vouloir donner lecture à la Chambre du rapport qu'il a préparé à ce sujet :

MESSIEURS,

Il y a quelques mois, le Parlement était saisi d'une demande tendant à proroger indéfiniment ou tout au moins jusqu'à l'expiration de nos traités de commerce, la surtaxe de 7 francs, établie pour deux ans seulement, sur les sucres étrangers d'Europe, et à appliquer cette même surtaxe non remboursable aux sucres étrangers des pays hors d'Europe.

Qui pouvait prévoir que cette demande si légitime, si bien justifiée, si nécessaire au complément de la loi de 1884, dont elle comblait une lacune importante et à laquelle vous vous êtes associés par votre résolution du 8 février 1886, aurait pour conséquence de détruire la législation même qu'elle voulait compléter et d'anéantir l'œuvre si bienfaisante, si réparatrice, du législateur de 1884 ? C'est cependant ce dont nous sommes menacés.

Profitant de ce que la loi de 1884 était remise sur le tapis, le Gouvernement impressionné, assurément à l'excès, par les excédents obtenus cette année, est venu déposer un projet de loi qui détruit la législation de 1884, et anéantit toutes les espérances qu'elle avait fait naître.

La Commission parlementaire des sucres, de son côté,

inspirée très-certainement par le désir de concilier tout à la fois les besoins du Trésor et les intérêts de l'agriculture et de l'industrie sucrière, a formulé un contre-projet, qui probablement n'est pas définitif, qu'elle se propose sans doute de remanier avant la discussion, mais qui, tel qu'il est actuellement, est encore plus désastreux que celui du gouvernement.

Aussi l'anxiété est-elle grande dans la culture et à la fabrique ! Vous tous, Messieurs, qui vivez au milieu des cultivateurs et des fabricants, vous avez assisté à la décadence des uns et des autres ; vous avez été témoins du découragement profond qui s'était emparé d'eux ; vous alliez être témoins de leur agonie suprême. Et voilà que le Gouvernement et les Chambres, touchés enfin par l'intensité et la gravité de la crise édictent la loi de 1884. Immédiatement vous avez vu l'espoir renaître chez tous ; vous avez vu les cultivateurs heureux des premiers résultats obtenus se mettre courageusement à l'œuvre, redoubler d'efforts pour améliorer leurs procédés de culture, se presser aux enseignements de la science, se mettre en mesure de rendre la lutte égale avec l'Etranger et de retrouver enfin leur prospérité passée. Le fabricant, de son côté, a mis son outillage au niveau de celui de ses adversaires ; il a encouragé par des prix d'achat élevés la culture à persévérer dans la voie féconde où elle était entrée. Et c'est quand ces efforts réunis sont sur le point de leur assurer la victoire sur leurs ennemis, qu'on vient leur enlever les armes des mains. N'est-ce pas renier la pensée qui avait inspiré au législateur le changement de la législation sucrière ?

Quel était donc, en effet, le but de la loi de 1884 ?

M. Méline, alors Ministre de l'agriculture, va nous répondre.

Dans le discours qu'il prononçait à la Chambre dans la séance du 7 juillet 1884, il s'exprimait ainsi : « C'est au

« nom de l'intérêt agricole, le plus important, le plus
« pressant de l'heure présente que je viens supplier la
« Chambre de voter en principe les résolutions de sa
« Commission (je ne me prononce pas, bien entendu, sur
« la question de rendement). J'ai la conviction que c'est
« le seul moyen de sauver une grande industrie qui se
« meurt, et de relever une branche de notre production
« agricole, qui est à la veille de disparaître... » et plus
loin : « Par conséquent, j'ai le droit de dire que si on
« n'avise pas, si on n'adopte pas les résolutions de la
« Commission, c'est une branche de production qui va
« périr. »

Et répondant à une objection qui lui était faite dans
l'intérêt du consommateur, à savoir que la loi allait
l'obliger à payer son sucre un prix plus élevé, puisqu'elle
augmentait l'impôt de 10 francs en portant le droit de 40
à 50 francs, il disait: « J'ai la conviction qu'avant trois
« ans le prix du sucre descendra, même avec l'augmen-
« tation des droits, au-dessous du taux actuel. »

Et il terminait ainsi :

« Il n'est guère douteux que si, il y a 4 ou 5 ans, on
« avait fait ce que vous allez faire, si on avait pris la
« résolution virile d'établir l'impôt à la betterave, notre
« industrie occuperait peut-être aujourd'hui dans le
« monde la place de l'Allemagne. Ce qui n'a pas été fait
« plus tôt, il faut le faire aujourd'hui ; je ne veux pas
« récriminer : l'important est d'aller vite. Donnez le plus
« tôt possible à cette grande industrie la législation dont
« elle a besoin ; n'épargnez rien pour la tirer de la situa-
« tion lamentable dans laquelle elle se débat et soyez
« convaincus que vous aurez sauvé une partie de la
« richesse de la France. »

Quelle prescience de l'avenir, Messieurs ! et comme les
évènements ont montré la justesse des vues du ministre
et affirmé ses assertions.

Le sucre raffiné valait, à cette date 102 fr. les 100 kil.
Il s'élevait au lendemain du vote de
la loi à . . . . 112 fr.   —
Il vaut aujourd'hui . . . . 99 fr.   —

Et cependant la campagne dernière a été déficitaire dans
tous les pays de production, de sorte qu'il n'est pas témé-
raire d'affirmer qu'en année de production normale, le
sucre raffiné ne vaudrait pas plus de 92 à 95 francs les
100 kilos.

La betterave a vu son prix d'achat augmenter de suite
et dépasser le niveau des années les plus prospères. Elle
était payée 20 francs au maximum et seulement aux cultivateurs qui avaient d'anciens traités avec leurs fabricants ; aux autres, elle n'était payée que 18, 16, 14 et
même 12 francs, suivant les pays et les situations. La loi
promulguée, le fabricant offrit au cultivateur de le payer
selon la densité, et, lui abandonnant la plus grande partie
du boni résultant des excédents (1), il paya la betterave de
22 à 40 francs ; la moyenne a été de 24 à 25 francs la tonne
pendant la campagne dernière.

D'autre part, la culture qui n'avait pu modifier ses
méthodes pour la campagne 1884-85, la promulgation de
la loi ayant été postérieure à ses ensemencements, n'a
commencé ses essais que l'an dernier. Dès la première
année (il ne faut pas perdre de vue cependant, sous peine
de déception cruelle dans l'avenir, que ce n'est pas à ses
seuls efforts et à ses progrès qu'il faut en attribuer tout
le succès, mais qu'elle a été puissamment aidée par des
circonstances climatériques exceptionnellement favorables
qui pourront bien ne pas se reproduire de longtemps),

(1) Voir la note de M. Jacquemart, publiée dans la *Sucrerie indigène* n° 8 du
19 février 1886, page 211, qui a été remise à la Commission des sucres, et de
laquelle il résulte que la part de la culture dans les excédents, du fait de
l'augmentation du prix de la betterave a été beaucoup plus considérable que
celle qui est restée à la fabrique.

dès la première année, disons-nous, elle a obtenu des résultats tellement encourageants, qu'elle a compris l'économie de la nouvelle législation, l'a appréciée à sa juste valeur et qu'elle s'est mise en mesure d'augmenter ses emblavements pour arriver, dans un temps donné, à retrouver et même à dépasser le chiffre de production des années prospères.

Un dernier effet de la loi de 1884 a été d'enrayer l'essor de nos concurrents. L'Autriche et l'Allemagne surtout, qui espéraient anéantir notre sucrerie indigène et ne plus permettre aux Français de manger d'autre sucre que du sucre allemand, se sont trouvées si directement touchées par la nouvelle législation qu'une crise intense les atteignit et les obligea à restreindre leur production dans des proportions considérables. C'est ainsi que l'Autriche qui produisait 550,000 tonnes en 1884-85 n'en a produit, cette année, que 350,000 ; et que l'Allemagne, qui en avait produit 1,150,000, n'en a produit, cette année, que 800,000.

Tous les résultats entrevus et annoncés par le Ministre de l'agriculture de 1884 :

Baisse du prix du sucre pour le consommateur,

Augmentation du prix de la betterave,

Relèvement de l'agriculture et de la sucrerie française,

Refoulement des sucres étrangers, et, en particulier, des sucres allemands,

Ont été réalisés.

La loi de 1884 a donc produit d'excellents fruits, bien qu'elle fût incomplète, bien qu'elle n'ait qu'une année d'application, bien qu'elle ne soit qu'à peine comprise par la culture. Que serait-il permis d'en espérer, si elle avait pour elle la consécration du temps et si elle était complétée par la fermeture de nos ports aux sucres étrangers exotiques, comme notre frontière terrestre est fermée aux sucres européens.

Et c'est cette loi qui, en si peu temps, a produit une telle révolution, qui va bientôt ramener dans nos campagnes désolées la prospérité, que l'on veut déjà détruire.

Le moment est venu d'examiner les diverses modifications que l'on voudrait apporter à la loi de 1884 et qui émanent les unes de l'initiative privée, les autres du gouvernement ou de la commission.

Les fabricants ont demandé la prorogation indéfinie de la surtaxe de 7 fr. non remboursable sur les sucres européens et son extension aux sucres exotiques. Cette question vous est trop familière pour qu'il soit utile de la traiter à nouveau devant vous ; vous l'avez déjà approuvée et appuyée par votre résolution du 8 février dernier. Permettez-nous seulement d'ajouter qu'on ne pourrait comprendre comment cette surtaxe serait refusée aux seuls industriels et cultivateurs français, alors que l'Allemagne protège ses nationaux par une surtaxe de. . . 8 fr.
que l'Italie protège les siens par une surtaxe de. 21 fr.
que l'Espagne   —   —   32 fr.
que les Etats-Unis   —   —   35 fr.
que l'Autriche non contente de protéger les siens par une surtaxe de . . . . 14 fr.
est sur le point de leur accorder une prime de sortie de 3 fr. 50 par 100 kilogr.
qu'enfin la Russie tout en protégeant ses nationaux par une surtaxe de. . . . . 40 fr.
leur accorde, au moins temporairement, une prime de sortie de 12 fr. par 100 kilogr.

Les colonies françaises demandèrent à être mises sur un pied d'égalité parfaite avec la sucrerie métropolitaine et introduisirent la question de l'équivalence.

Enfin les distillateurs de mélasse demandèrent que le législateur accordât au fabricant la remise du droit sur la moitié du sucre contenu dans les mélasses qui iraient en distillerie (Projet Fauveau-de Beaurepaire).

2

Ces diverses propositions ne touchant pas à l'essence même de la loi de 1884, nous les passerons sous silence, au moins provisoirement ; nous aurons d'ailleurs l'occasion de nous en occuper dans l'examen des projets élaborés par le gouvernement et la commission, projets qui, au contraire, atteignent la loi de 1884 dans son esprit et dans son essence.

PROJET DU GOUVERNEMENT

L'économie de ce projet réside dans l'art. 1er ainsi conçu : « Les dispositions des 2e et 3e paragraphes de « l'art. 3 de la loi du 29 juillet 1884, relatives aux excé- « dents réalisés dans les fabriques de sucre abonnées, « sont modifiées ainsi qu'il suit :

« Les excédents, obtenus en sus du rendement légal, « sont, en totalité, exempts d'impôt lorsqu'ils ne dépassent « pas 10 °/₀ du montant de la prise en charge, calculée « d'après le poids des betteraves mises en œuvre.

« Lorsque les excédents sont supérieurs à 10 °/₀, la « portion dépassant cette quantité est ajoutée aux charges, « savoir :

« Jusqu'à 20 °/₀ inclusivement, 1/3 comme produit impo- « sable, 2/3 comme produit non imposable ;

« Au-dessus de 20 °/₀ jusqu'à 40 °/₀ inclusivement, 2/3 « comme produit imposable, 1/3 comme produit non « imposable ;

« Enfin, la portion des excédents au-delà de 40 °/₀ n'est « affranchie de l'impôt que jusqu'à concurrence de 1/10 ; « les autres 9/10 sont passibles des droits. »

C'est la négation même de la loi de 1884 et de l'incitation au progrès auquel elle poussait.

Ce n'est, en effet, qu'au prix des plus grands efforts et des plus grands sacrifices que cultivateurs et fabricants français peuvent parvenir à améliorer leurs betteraves, à perfectionner leur outillage et regagner l'avance acquise à leurs concurrents étrangers. Or quel intérêt trouveront-ils à se lancer dans cette voie si dispendieuse, s'ils sont obligés d'abandonner à l'Etat les 9/10, c'est-à-dire la presque totalité du bénéfice qu'ils pourraient en tirer et s'ils sont ainsi assurés à l'avance de ne trouver ni la récompense de leurs efforts, ni la rémunération de leurs sacrifices.

L'intérêt étant le mobile de tout acte de commerce, on cherchera à se rapprocher le plus possible du rendement légal qui assurera le summum d'avantages, et on sera ainsi amené à produire une betterave donnant de 30 à 40 % d'excédent, c'est-à-dire d'un rendement moyen de 8 %. Tel sera le rendement le plus avantageux, celui qu'il sera imprudent et même impossible de dépasser, car au-delà de cette limite, la participation de l'Etat pour les 9/10 ne permettra plus de donner à la culture une majoration suffisante pour l'inciter à produire une betterave d'une richesse supérieure.

Une seconde conséquence très-grave de ces dispositions, c'est qu'elles vont directement à l'encontre du but que s'était proposé le législateur de 1884 ; c'est que ce sera le cultivateur qui, au lieu d'être favorisé, sera le premier et le plus profondément atteint. Que fera, en effet, le fabricant, si l'Etat lui enlève ses excédents ? Il diminuera ses prix d'achat dans la proportion où l'Etat aura diminué ses excédents. Il en résultera que le prix d'achat de la betterave riche s'abaissera ; qu'il s'abaissera dans des proportions considérables, calamiteuses pour la culture et telles qu'il lui sera impossible de produire une betterave d'une richesse suffisante pour lutter contre la concurrence étrangère.

Voici, en effet, les résultats auxquels on arriverait en prenant pour exemple le type de marché le plus généralement répandu. La betterave à 6 degrés de densité est payée 22 fr. la tonne : chaque dixième de degré au-dessous de cette densité subit une réfaction de 0,80 ; chaque dixième au-dessus profite d'une majoration d'un franc.

RENDEMENTS différemment imposés suivant l'art. 1er du projet du Gouvernement.	LOI DU 29 JUILLET 1884				PROJET DE GOUVERNEMENT	
	DENSITÉ des betteraves	RENDEMENT en raffiné correspondant à la densité.	MAJORATION par dixième de degré	PRIX D'ACHAT de la tonne de betteraves sous l'empire de la loi de 1884.	MAJORATION par dixième de degré sous le régime du projet du Gouvern¹.	PRIX D'ACHAT sous le régime du projet du Gouvernement.
10 % exempts d'impôt, soit jusqu'à concurrence du rendement de 6,60 %.	5°,4	6,00 %	0ᶠ80	17ᶠ20	0ᶠ80	17ᶠ20
	5°,5	6,20	0 80	18 »	0 80	18 »
	5°,6	6,40	0 80	18 80	0 80	18 80
	5°,7	6,60	0 80	19 60	0 80	19 60
De 10 à 20 % d'excédent, c'est-à-dire entre 6,60 % et 7,20 %. 2/3 au fabricant. 1/4 à l'Etat.	5°,8	6,80	0 80	20 40	(1) 0 53	20 13
	5°,9	7,00	0 80	21 20	0 53	20 66
	6°,0	7,20	0 80	22 »	0 53	21 19
De 20 à 40 % d'excédent, c'est-à-dire entre 7,20 et 8,40 %. 1/3 au fabricant. 2/3 à l'Etat.	6°,1	7,45	1 »	23 »	(2) 0 33	21 52
	6°,2	7,70	1 »	24 »	0 33	21 85
	6°,3	7,95	1 »	25 »	0 33	22 18
	6°,4	8,15	1 »	26 »	0 33	22 51
	6°,5	8,40	1 »	27 »	0 33	22 84
Au-delà de 40 % d'excédent, c'est-à-dire au-delà de 8,40 % de rendement. 1/10 au fabricant. 9/10 à l'Etat.	6°,6	8,65	7 »	28 »	(3) 0 10	22 94
	6°,7	8,90	1 »	29 »	0 10	23 04
	6°,8	9,05	1 »	30 »	0 10	23 14
	6°,9	9,40	1 »	31 »	0 10	23 24
	7°,0	9,65	1 »	32 »	0 10	23 34
	7°,5	10,90	5 »	37 »	0 50	23 84
	8°,0	12,25	5 »	42 »	0 50	24 34

(1) Le fabricant ne peut plus payer que les 2/3 de la majoration ancienne :
$$0,80 \times \frac{2}{3} = 0,53.$$

(2) Le fabricant ne peut plus payer que 1/3 de la majoration ancienne :
$$1 \times \frac{1}{3} = 0,33.$$

(3) Le fabricant ne peut plus payer que 1/10 de la majoration ancienne :
$$1 \times \frac{1}{10} = 0,10.$$

Il résulte de ce tableau une baisse sensible dans le prix de la betterave. Si nous admettons que la production de la betterave de 6,5 à 7° de densité soit celle que l'on doive poursuivre, il en résulterait pour la culture française, quand elle aura atteint cette densité moyenne, une perte variant de 27 fr. — 22 fr. 84 à 32 fr. — 23 fr. 34, c'est-à-dire variant de 4 fr. 16 à 8 fr. 66 par tonne de betteraves et pour une production de 4,500,000 tonnes, chiffre de la campagne 1884-85, une perte variant de 18 à 38 millions de francs.

Une autre considération non moins importante est l'état d'infériorité dans lequel nous placerait ce régime en face de nos concurrents étrangers et l'anéantissement de la culture et de la fabrication françaises par la culture et la fabrication allemandes.

Il est, en effet, dans le commerce, une loi fatale, inexorable : c'est que le marché appartient toujours au produit qui, à qualité égale, coûte le moins à produire ; en d'autres termes, c'est le prix de revient qui est le maître du marché. Or, si la loi empêche, par ses dispositions restrictives (et nous venons de voir que telles seraient les conséquences de l'application du projet du gouvernement) d'améliorer la betterave au-delà d'une certaine richesse, soit, ainsi que nous l'avons démontré, une betterave pouvant donner de 30 % d'excédents, et correspondant à un rendement de 8 % environ, il faudra pour produire 100 kilog. de sucre en France $\frac{100}{8} = 1,250$ kilog. de betteraves. Les Allemands ont obtenu, cette année, 11 % de rendement moyen ; pour produire 100 kilog. de sucre il leur suffira d'employer $\frac{100}{11} = 909$ kilog. de betteraves. Appliquons à ces deux quantités les frais de fabrication, en admettant pour un instant, que dans les deux pays ces frais soient les mêmes, c'est-à-dire 15 à 16 francs par tonne.

En France le prix de revient de 100 kilog. de sucre, au point de vue des frais de fabrication seulement sera donc de . . . . $1250 \times \dfrac{15}{1000} = 18$ fr. 75

En Allemagne, le prix de revient de 100 kilog. sera. . $909 \times \dfrac{15}{1000} = 13 \quad 63$

Ecart au préjudice de la France par 100 kil. de sucre . . . . 5 fr. 12

En réalité l'écart est encore bien plus considérable, car vous savez tous qu'en Allemagne les impôts sont moins lourds, la main d'œuvre moins élevée, les charbons, métaux, etc., moins chers, de sorte qu'alors que les frais de fabrication sont de 15 à 16 francs en France, ils ne sont que de 11 à 12 francs en Allemagne. Si nous appliquons alors ces coefficients véritables, le prix de revient en France est toujours de . . . . 18 fr. 75

Mais en Allemagne, il n'est plus que de . . . . $909 \times \dfrac{12}{1000} = 10 \quad 91$

Ce qui constitue, au préjudice de la France, un écart de. . . . . 7 fr. 84

C'est plus que la surtaxe qui nous protège ; aussi la lutte contre l'Allemagne va-t-elle redevenir impossible comme elle l'était avant la loi de 1884.

Ce n'est pas seulement dans les grandes lignes que le gouvernement tend à entraver la sucrerie ; dans les questions accessoires il a également une tendance marquée à lui ravir sa liberté. Pourquoi, en effet, légiférer sur le dernier résidu de la fabrication, sur la mélasse, ainsi qu'il le fait dans l'art. 2 de son projet. Une fois la betterave pesée, la prise en charge fixée, que l'État disparaisse ; que le fabricant soit laissé maître absolu de diriger son travail comme il l'entend ; que, par un artifice de législation comme l'art. 2, il ne soit pas contraint de livrer ses der-

niers produits à tel ou tel industriel ; qu'il reste maître de
les travailler jusqu'à extinction ou de les vendre à l'acheteur (sucratier ou distillateur) qui lui offrira les plus grands
avantages ! Soyez certain que, libre de ses actes, il saura
bien lui-même en tirer le meilleur parti possible et qui sait
même s'il n'arrivera pas à leur suppression radicale. La
mélasse est le témoignage du défaut de pureté de la betterave et de l'imperfection de nos moyens actuels de fabrication. Devant l'amélioration de la qualité de la betterave,
devant la diminution de sa teneur en sels, devant des procédés d'épuration plus perfectionnés, devant des méthodes
nouvelles d'extraction, qui sont loin d'avoir dit leur dernier mot, la proportion de la mélasse par 1,000 kilog. de
betteraves a déjà notablement diminué. Encore un pas,
et elle aura tout à fait disparu; et tout ce que la betterave
contient de sucre sera extrait à l'état de sucre. C'est l'idéal ;
c'est le but de l'avenir ; qu'une législation étroite ne vienne
pas le faire avorter et ici encore respectons le silence
prudent qu'avait gardé la loi de 1884.

Enfin le gouvernement, dans l'art. 5 de son projet,
accorde aux colonies françaises ce qu'on a appelé l'équivalence, c'est-à-dire que « les sucres exportés des colonies
« françaises à destination de la métropole auront droit à
« un déchet de fabrication égal à la moyenne des déchets
« de fabrication et des excédents accordés à la sucrerie
« indigène pendant la dernière campagne de fabrication. »

Certes, Messieurs, les colonies françaises ont le droit
d'être traitées comme la mère-patrie et nos frères des îles
doivent être sur le même pied que nous ; mais cela ne veut
pas dire qu'ils doivent être favorisés à nos dépens. Or,
c'est ce qui arrive dans l'espèce.

Sans vouloir établir un parallèle entre la canne et la
betterave et montrer toute la supériorité de la première,
création de la nature, sur la seconde, création de l'homme,
considérons l'état actuel des choses. La loi de 1884, en

appliquant l'impôt sur la betterave, a dit au cultivateur et
au fabricant français : « Tout ce que vous aurez au-dessus
« d'un rendement de 6 %, vous appartiendra. Si, au con-
« traire, vous n'atteignez pas ce rendement, vous me
« paierez l'impôt sur la différence. A vous de travailler ;
« à vous d'améliorer votre betterave ; à vous de perfec-
« tionner vos méthodes, d'installer de nouveaux procédés.
« Travaillez ; ne reculez devant aucun effort (il en faudra
« beaucoup), devant aucunes dépenses (elles seront con-
« sidérables), car les excédents vous appartiendront. »

Aux colons la loi a-t-elle également fait entendre ce
langage viril. Point. Elle a dit, art. 5 : « Les sucres des
« colonies françaises importés directement en France
« auront droit à un déchet de fabrication de 12 %. »

C'était donc là un don purement gratuit, mais qui se
comprenait encore ; la loi en fixant le rendement à 6 %
entendait bien établir un chiffre trop faible, afin de laisser
une marge ; et cette marge elle l'estimait elle-même à 8 %
au moins pour les sucres métropolitains (art. 3, § 5). En
raison de l'éloignement des colonies et du frêt, elle la porta
à 12 % pour elles. C'était bien là de l'égalité de traitement,
de l'équivalence.

Mais depuis le 29 juillet 1884 des progrès considérables
se sont accomplis *en France* ; les efforts du cultivateur et
du fabricant en vue de l'amélioration de la matière première et de la plus complète extraction du sucre ont été
couronnés de succès ; les excédents se sont élevés à 30 ou
31 %. Immédiatement les colonies ont réclamé. L'équivalence est rompue, ont-elles dit ; il faut la rétablir. Au
lieu de 12 % donnez-nous 30 % et si, dans l'avenir, la
sucrerie métropolitaine augmente encore ses excédents,
qu'on élève notre déchet dans les mêmes proportions. Et
le gouvernement s'empresse de leur donner satisfaction
en rédigeant l'art. 5 de son projet. Eh bien ! Messieurs,
c'est ici que l'on peut dire que l'équivalence est détruite

et que tout sentiment de justice est foulé aux pieds.

Qu'a fait, en effet, le cultivateur français pour améliorer sa betterave ? Il a soigné davantage sa culture ; il a additionné à ses engrais habituels des engrais chimiques appropriés au but qu'il poursuivait ; il a laissé ses betteraves plus serrées et, de ce fait, a dû payer un prix plus élevé pour les binages et l'arrachage ; en un mot, il a dépensé 150 à 200 fr. de plus par hectare.

Qu'a fait le fabricant, de son côté ? Il a modifié ses appareils d'extraction ; il a monté la diffusion ; il a installé des appareils d'extraction de sucre des écumes et des mélasses ; il a dépensé, en moyenne, 150 à 200,000 fr. dans son usine. Il a enfin payé sa matière première, la betterave, un prix bien plus élevé, 5 fr. en moyenne par tonne.

Si donc cultivateurs et fabricants ont eu des excédents, vous voyez qu'ils ont été chèrement acquis.

Qu'ont fait les colonies pendant ce temps ? Rien. Aucun sacrifice, mais elles ont encaissé néanmoins le produit du déchet des 12 %. Qu'auraient-elles à faire dans l'avenir, pour profiter des excédents qu'obtiendra la sucrerie métropolitaine ? Rien encore, puisque ces excédents leur appartiendront de plein droit, de par la loi. Ainsi donc, sans sacrifice, sans efforts, sans dépenses, les colonies auront ce que la loi n'accorde au Français qu'à la condition qu'il fasse tous les sacrifices énumérés plus haut. Est-ce de l'équivalence ? Est-ce même de l'équité ? Au fabricant métropolitain, la loi n'accorde une prime qu'au travail, au sacrifice ; elle l'accorde d'autant plus élevée que le fabricant se sera montré plus actif, plus intelligent ; au colon, au contraire, elle l'accorde à la routine, et indistinctement la même à tous.

Mais l'équivalence, telle qu'elle ressort de la loi, présente encore une iniquité. Si le fabricant indigène n'atteint pas le rendement légal, n'est-il pas forcé de restituer au

3

Trésor les droits sur les manquants ? Rien de pareil pour le colon. Il prend sa part du gain, mais jamais ne participe à la perte.

Si, encore, Messieurs, cette prime donnée aux colonies n'avait pour but que de faciliter l'écoulement de leurs sucres à l'Etranger, nous n'aurions qu'à nous en applau-dir ; mais tout autre est la vérité ; elle ne fait que les attirer en France, car l'art. 5, 2°, les oblige à venir en France pour bénéficier du déchet, de sorte que le projet du gouvernement qui nous constitue en état d'infériorité vis-à-vis de nos concurrents européens en prenant pour lui la plus forte part de nos excédents, qui nous livre aux colonies étrangères en refusant d'établir sur les sucres qui en proviennent une surtaxe non remboursable de 7 francs, prépare encore notre écrasement par l'importation de nos colonies, si généreusement favorisées.

Ces considérations vous montrent, Messieurs, quelles seraient les conséquences désastreuses de l'adoption du projet du gouvernement. Aussi y a-il urgence à protester contre son adoption avec la dernière énergie.

PROJET DE LA COMMISSION

La Commission proroge de deux années la surtaxe de 7 fr. sur les sucres étrangers d'Europe. Elle étend cette surtaxe aux sucres des pays hors d'Europe, mais en stipule le remboursement, ce qui la rend tout à fait illusoire.

Dans son art. 16, elle fait sien l'art. 2 du projet du gouvernement en ce qui concerne les mélasses et édicte dans son art. 17, l'exercice des sucrateries.

Ces questions ayant été examinées à propos du projet du gouvernement, nous ne nous y arrêterons pas et nous arrivons de suite à l'économie du projet qui réside dans l'art. 13 ainsi conçu : « Les excédents ne pourront jamais

« dépasser le produit de la taxe complémentaire de 10 fr.
« par 100 kil., établie par la loi du 29 juillet 1884, de
« façon que le Trésor soit toujours assuré de percevoir au
« moins 40 fr. par 100 kil. de sucre livré à la consomma-
« tion indemne ou non.

« Dans le cas où les excédents seraient supérieurs à
« cette limite, les fabricants, seraient tenus à restitution
« au prorata des excédents obtenus par chacun d'eux. »

L'énoncé seul du texte vous montre qu'ici encore le
progrès est arrêté. Le législateur dit au fabricant
comme autrefois Dieu dit à la mer : « Tu n'iras pas
« plus loin. Je te le défends. » Et la Commission
ajoute : « Si tu vas plus loin, tu seras puni et tu seras
« obligé de me rembourser tout ce que tu obtiendras au-
« delà. »

Les prévisions du ministre des finances de 1884 étaient
que, en France, la consommation atteignait 360 millions
de kilog. de sucre raffiné, de sorte que l'augmentation
de 10 francs du droit sur les sucres devait lui fournir une
somme annuelle de 36 millions de francs, suffisante pour
parer au déficit budgétaire à provenir des excédents. Le
ministre des finances de 1886 craint, au contraire que cette
somme ne suffise plus, et la Commission, pour donner
satisfaction au Ministre, vient dire aux cultivateurs et
aux fabricants : « Ces 36 millions vous appartiennent, si
« toutefois vous les gagnez par le chiffre de vos excédents ;
« (dans le cas contraire ils sont acquis à l'Etat qui ne veut
« plus tenir compte l'année suivante de l'excédent d'en-
« caisse de l'année qui précède) ; mais vous n'aurez
« jamais davantage. Si, par vos efforts, par vos dépenses,
« vous obtenez 40, 50, 60 millions d'excédents, vous serez
« condamnés à en ristourner au Trésor 4, 14, 24. »

La première conséquence de cette législation serait
d'arrêter le perfectionnement de la culture et de la fabrication d'une façon encore plus complète que le système

du gouvernement; puisque au-delà d'un certain chiffre tout appartient à l'Etat, tandis que le projet gouvernemental lui octroie toujours 1/10 de ses excédents, et tout ce que nous avons montré de funeste dans le premier projet s'applique avec bien plus de fondement encore dans le cas présent.

La deuxième conséquence, c'est que les colonies qui, ainsi que nous l'avons vu, n'ont rien à faire pour bénéficier de l'excédent obtenu dans la mère-patrie, n'auraient simplement qu'à augmenter leur production, ce qui est d'une extrême facilité avec la canne, pour absorber à elles seules la presque totalité des 36 millions, ne laissant à la culture et à la sucrerie métropolitaines qu'une part dérisoire..

La situation, cette année est celle-ci :

Production française . . . 260,000^{ts} dont (imposées . . . 200,000^{t}
approximation en raffiné. (indemnes 30 % . 60,000^{t}
Admettons . . . . 120,000^{ts} pour la production des colonies en raffiné.

Quel est actuellement le bénéfice des excédents pour chacune d'elles ?

La métropole a droit à tous ses excédents, soit 60,000^{ts}, qui a raison de 50 fr. par 100 kilog. font 30,000,000 de fr.

Les colonies ont droit à un déchet de 12 % qui, appliqué aux 120,000^{t} de sa production fait ressortir un excédent de 120,000^{t} × 12 % = 14,400^{t} ou à raison de 50 fr. par 100 kilog. . . . . 7,200,000 fr.

Supposons maintenant que les excédents ne puissent jamais dépasser la somme de 36 millions et admettons que l'équivalence existe, les colonies auront également droit à 30 % et il suffira pour trouver la part des colonies et de la métropole de faire une règle de trois.

La part des colonies sera . 36,000,000 × $\dfrac{120,000^{ts}}{120,000^{ts} + 260,000^{ts}}$ = 11,400,000 fr.

d'où gain pour les colonies de . . . 11,400,000 — 7,200,000 = 4,200,000 fr.

La part de la métropole sera. $36,000,000 \times \dfrac{260,000^{t.}}{120,000^{t.} + 260,000^{t.}} = 24,600,000$ fr.

d'où perte pour elle de . . . . . . $30,000,000 - 24,600,000 = 5,400,000$ fr.

Poussons plus loin l'hypothèse et admettons, ce qui est très-vraisemblable, qu'en raison des sacrifices de toute nature qui s'imposent à l'agriculture et à la sucrerie indigène pour obtenir des excédents de 30 %, la production de la mère-patrie reste stationnaire, alors que la production coloniale se développe ; supposons que cette dernière atteigne 200,000 tonnes en raffiné, les 36 millions de francs vont se répartir de la façon suivante :

Colonies. $\quad 36,000,000 \times \dfrac{200,000^{T}}{200,000^{T} + 260,000^{T}} = 15,600,000$ fr.

Métropole. $\quad 36,000,000 \times \dfrac{260,000^{T}}{200,000^{T} + 260,000^{T}} = 20,400,000$ fr.

Le projet de la Commission est donc entièrement favorable aux colonies, qui n'ont rien à faire pour obtenir ces faveurs ; par contre il restreint la part difficile à conquérir, du cultivateur et du fabricant français, et il la restreint dans une proportion telle qu'il rendra impossible toute lutte avec l'étranger.

En présence d'un pareil résultat il est permis de penser que la Commission ne s'est pas rendue compte des conséquences désastreuses qu'entraînerait l'application de son projet pour l'agriculture française, en limitant les excédents à 36,000,000 de francs et en accordant en même temps l'équivalence aux colonies.

Enfin la troisième conséquence, qui est d'une gravité tout exceptionnelle au point de vue commercial, c'est que le fabricant ne saura jamais sur quelle base établir ses traités, l'art. 13 ne pouvant recevoir son application que quand la campagne sera terminée, c'est-à-dire à la fin du mois d'août. Jusque-là le chiffre des excédents est inconnu ; et par conséquent inconnue aussi est la ristourne à laquelle il sera condamné. Cette ristourne sera, elle-même, variable de fabricant à fabricant suivant les excédents obtenus par chacun d'eux. Quelle sera, en définitive, la portion de bonis lui appartenant ? Quelle sera la part qu'il pourra en donner à la culture ? Comme les ensemencements se font au mois d'avril et que l'inventaire de la Régie n'est établi qu'au mois d'août de l'année suivante, ce ne sera que *18 mois* après l'achat de sa matière première qu'il pourra le savoir !!!

Enoncer un pareil fait, c'est démontrer l'impossibilité d'un commerce sérieux et réfléchi ; c'est dire que la fabrication du sucre ne sera plus une industrie, mais un simple jeu de hasard ; c'est prouver l'impossibilité où se trouveront cultivateurs et fabricants de produire et de travailler la betterave ; c'est affirmer l'anéantissement à bref délai de la culture betteravière et de l'industrie sucrière en France.

Aussi, Messieurs, ce projet doit il être repoussé avec plus d'énergie encore que celui du gouvernement parce qu'il est encore bien plus funeste aux intérêts du pays.

Mais, Messieurs, pourquoi est-il donc si nécessaire de toucher à la loi de 1884 ? En dehors même de ce besoin de stabilité dans les lois, si nécessaire, si indispensable à la pratique des affaires, et dont M. le Préfet de la Somme faisait si judicieusement et si éloquemment ressortir l'importance dans le discours qu'il a adressé à M. le Ministre de l'agriculture, en lui présentant, à Montdidier, la délégation des cultivateurs et des fabricants de sucre du département ; en dehors de ce besoin de stabilité, disons-nous, qui milite si fortement en faveur du maintien de la loi de 1884, les résultats déjà acquis sous le régime de cette loi ne viennent-ils pas en démontrer la nécessité d'une façon éclatante ?

« J'ai l'espoir, disait M. le Ministre des finances lors de « la discussion de cette loi, que la loi donnera son plein

« effet, et que l'on arrivera à dépasser les rendements
« fixés. C'est le but de la loi, qui est une loi de progrès,
« qui doit inciter à l'amélioration de la culture, au perfec-
« tionnement de l'outillage, et, par conséquent, à une
« augmentation considérable de rendement... »

L'espoir, exprimé par M. Tirard, s'est réalisé. Et l'on
veut aujourd'hui faire un crime aux fabricants et aux
cultivateurs de l'avoir réalisé ! Et l'on veut leur faire un
crime d'avoir même dépassé, par les résultats obtenus,
les prévisions les plus optimistes ! On veut les punir
d'avoir eu confiance dans le législateur, d'être entrés dans
ses vues et d'avoir fait mieux qu'il ne l'avait pensé ! Fait-
on donc passer en conseil de guerre un général victorieux
parce que sa victoire a été trop complète, trop éclatante ?

Pourquoi donc, en agit-on ainsi ? Ah ! Messieurs, parce-
que le ministère craint le déficit, et il le craint pour
l'avenir, car, pour l'instant il n'existe pas. M. Tirard
disait, dans la discussion de la loi de 1884 : « Après le
« dégrèvement de 1880 le revenu des sucres est tombé de
« 197 millions à 146 ; dans l'état actuel de nos finances le
« sacrifice est suffisant et il est indispensable de placer la
« législation dans un état tel que le Trésor soit sûr de
« retrouver au moins la somme prévue au budget de 1885,
« c'est-à-dire de 151 millions. » Et estimant que les
excédents pourraient produire un déficit de 36 millions,
il demandait et soutenait le relèvement du droit de
10 francs qui, pour une consommation de 360 millions de
kilog. de sucre, devait produire une ressource de 36 millions, suffisante pour combler le déficit prévu.

Faisons le compte de ce que l'Etat a perçu d'un côté,
de ce qu'il a donné de l'autre et voyons s'il sera ou non,
en déficit au commencement de la campagne prochaine
c'est-à-dire au 1er septembre 1886.

Du fait de l'augmentation de droits de 10 francs, l'Etat

a perçu pour les cinq mois de 1884 (1ᵉʳ août au 31 décembre). . . . . 15,000,000 fr.

pour l'année 1885 36,000,000

Il percevra pour les huit mois de 1886. 24,000,000

Total. . . . 75,000,000 fr.

auxquels il convient d'ajouter le produit de la surtaxe de 7 fr. établie par la même loi sur les sucres européens, environ. 7,000,000

Total. . . . 82,000,000 fr.

Les excédents ont absorbé :

Campagnes 1884-85. 38,517,676 k.

— 1885-86. 58,363,927

96,881,603 k. à 50 f. °/₀ k. = 48,440,800

auxquels il faut ajouter déchet de 12 °/₀ sur 240,000ᵀ importées des colonies françaises du 1ᵉʳ août 1884 au 1ᵉʳ septembre 1886 :

240,000ᵀ × 12 °/₀ = 28,800ᵀ à 50 f. °/₀ k. = 14,400,000

62,840,800 fr.

Différence. . . . 19,159,200 fr.

qui représente la somme qu'au 31 août prochain le Trésor aura perçu, de par la loi de 1884, en plus des excédents.

Cette somme se serait trouvée encore augmentée de 7 à 8 millions de francs si le législateur de 1884 avait établi la surtaxe sur les sucres étrangers des pays hors d'Europe.

Le Trésor aura donc pour faire face au déficit à prévenir des excédents de la campagne prochaine 1886-87, le produit annuel de l'augmentation de 10 fr. 36,000,000 fr.

et cette réserve de 19,159,200

En totalité. . . . 55,159,200 fr.

ce qui correspond à plus de 110,000,000 d'excédents, c'est-à-dire à plus du double du chiffre obtenu cette année dans une campagne de richesse extraordinaire. Le Trésor peut donc être rassuré.

Mais, dit-on, les recettes des sucres diminuent. Tandis que les évaluations budgétaires prévoyaient pour les quatre premiers mois de l'exercice 1886 une rentrée de. . . . .   38,119,000 fr.
les recettes n'ont produit que. . . .   21.512,000
             d'où un déficit de. . . .   16,607,000 fr.

Ce déficit, Messieurs, est beaucoup plus apparent que réel. Nous ne contestons pas cependant qu'il n'existe en partie et cela pour deux causes que nous allons passer en revue.

La première est celle qui pèse sur toutes les recettes ; c'est la crise générale qui amène, comme conséquence forcée, la réduction de la consommation ; c'est celle qui a occasionné une diminution de recettes de 11 millions sur les vins, alcools, bière, allumettes, transports et tabac pour les quatre premiers mois. Celle-là est fatale et se fera sentir sous toute espèce de législation ; il ne faut donc pas en rendre responsable la loi de 1884.

La seconde cause qui contribue à la diminution de la recette des sucres est importante et mérite toute l'attention du législateur ; c'est la facilité que la loi accorde aux raffineurs d'entrer en franchise sous forme de mélasses, du sucre qu'il livrera ensuite à la consommation exempt de droits. L'art. 9 de la loi de 1884 stipule, en effet, que : « le rendement minimum fixé par l'art. 18 de la loi du « 19 juillet 1880 sera porté à 80 % pour les sucres d'ori- « gine européenne ou importés des entrepôts d'Europe. » La loi de 1880 reste applicable aux sucres coloniaux, dont le minimum de rendement est laissé à 65 % ». Or, suppo- sons une importation de 150,000 tonnes, ce qui est la vérité, de sucres européens et coloniaux et supposons que ces sucres aient un titrage moyen de 80 % (la moyenne serait, en admettant une importation par parties égales $\frac{80^{x} + 65}{2} = 72,5$). Les raffineurs ne payant que 80 k. de sucre sur 100 k. importé, ont introduit en franchise 20 k. de mélasse, soit en totalité $150,000^r \times \dfrac{20}{100} = 30,000^r$ renfermant, à raison de 50 %, $15,000^r$ de sucre. Or, il existe aujourd'hui des procédés qui permettent d'extraire à l'état de raffiné 75 à 80 %, certains même disent 90 %, du sucre contenu dans les mélasses. Admettons le chiffre de 75 %, qui nous parait le plus vrai et qui, dans tous les cas, est un minimum, le travail des $30,000^r$ de mélasses produira $15,000 \times 75 \% = 11,250^r$ de sucre indemne qui, jeté dans la consommation occasionnera au Trésor un déficit de $11,250^r \times 50$ fr. les 100 k. $= 5,625,000$ francs.

C'est l'opulent raffineur qui fait le mal, mais c'est le fabricant, ce pelé, ce galeux, qu'on accuse d'en être l'auteur.

Il est donc de l'intérêt majeur du Trésor, pour éviter ces pertes, de rendre l'importation des sucres étrangers de plus en plus difficile. Le législateur et le gouvernement doivent en avoir souci. Un moyen bien simple s'offre à eux : c'est de frapper d'une surtaxe non remboursable de 7 fr. les sucres étrangers de toute origine et de fixer uniformément à 85 % le rendement minimum des sucres admis à l'importation ; de cette façon les mécomptes du ministre des finances seront évités dans l'avenir et les recettes du Trésor assurées.

Nous avons dit que le déficit signalé dans les recettes des sucres pour les mois de janvier à mai était plus apparent que réel : nous le prouvons. Le râpage des betteraves commence en octobre pour s'achever en décembre. Pendant cette période, le fabricant ne fait pour ainsi dire que des premiers jets, c'est-à-dire en grande majorité des sucres blancs. Les sucres blancs servent à couvrir sa prise en charge, et, comme ils sont de conservation facile, ils sont pour la plus grande partie dirigés sur les entrepôts ; ils y sont conservés sous acquit à caution, c'est-à-dire qu'ils sont soumis à un droit de 50 fr. par 100 kilog., mais que la perception n'en sera faite que quand ils en sortiront pour aller chez le raffineur. A ce moment seulement, ou plutôt deux mois après, car le gouvernement lui accorde deux mois pour s'acquitter, les droits entreront dans les caisses du Trésor. Quand une fois le fabricant a couvert sa prise en charge, il n'a plus en présence que du sucre roux, de conservation difficile, qu'il lui faut vendre au plus vite. Ce sucre, d'ailleurs, est indemne puisqu'il représente ses excédents ; et comme il lui fournit des rentrées de fonds plus considérables que le blanc, puisqu'à sa valeur intrinsèque vient s'ajouter le montant du droit que son acheteur lui paiera en même temps, il a tout avantage à le vendre au fur et à mesure de sa production ; aussi se hâte-t-il de le faire et le raffineur, qui l'achète, se trouve pouvoir fournir à la consommation, pendant un certain temps (quatre à cinq mois) du sucre qui ne doit rien à l'État, et fait ainsi diminuer ses recettes. C'est le phénomène qui se produit depuis le mois de janvier ; car tandis que le sucre indemne, provenant des excédents, était livré au fur et à mesure de sa production, le sucre soumis aux droits s'est accumulé dans les entrepôts, devenus trop exigus, et y a atteint le chiffre fantastique de 180,000 tonnes.

Mais ce sucre absorbé, force sera bien au raffineur d'aller puiser aux immenses réserves de l'entrepôt ; force lui sera alors d'en acquitter les droits ; la consommation ne trouvant plus devant elle que des sucres imposés aura bien vite atteint les évaluations, et les recettes du second semestre se relèveront et combleront, peut-être même au delà, le déficit du premier.

Un simple calcul fera bien comprendre la portée du raisonnement qui précède. Dans l'établissement de son budget le ministre des finances fait la répartition des excédents qu'il prévoit sur chacun des douze mois constituant l'exercice, soit pour cette année où les excédents sont de près de 60,000ʳ, 5,000ʳ par mois correspondant à 2,500,000 francs. Tel est le chiffre prévu et déduit à l'avance de la recette du mois. Or, supposons que la totalité des excédents soit livrée à la consommation dans l'espace de deux mois, soit 30,000ʳ par mois; la consommation annuelle étant de 360,000ʳ, elle sera mensuellement de 30,000ʳ et l'on voit que les excédents auront à eux seuls fait face à la consommation totale des deux mois; le Trésor n'aura absolument rien perçu, et le déficit aura été de la totalité des évaluations budgétaires. Est-ce une raison pour que l'année entière se solde en déficit? Évidemment non, Messieurs, car les mois prochains délivrés de la perte résultant de la vente des sucres indemnes, produiront des recettes supérieures et finalement l'équilibre se rétablira.

C'est donc commettre une grave erreur que de conclure de ce que les quatre premiers mois de l'exercice auront fourni des recettes inférieures aux évaluations budgétaires, que pour l'année entière le Trésor sera en déficit. La plus-value des mois prochains fera plus que compenser la moins-value des mois antérieurs et ainsi que nous l'avons démontré plus haut, la loi de 1884 aura au contraire procuré au Trésor, sur l'ensemble des exercices écoulés depuis sa promulgation, une plus-value de 19 millions de francs.

Si le déficit n'existe pas encore, s'il ne peut non plus exister l'année prochaine puisque, ainsi que nous l'avons démontré, le Trésor aura pour y parer une somme de 55 millions qui sera bien suffisante, cela ne veut pas dire qu'il n'existera jamais. Il doit même forcément se produire ; le progrès le veut ainsi et la loi de 1884 n'a pas d'autre raison d'être. Mais est-ce que la loi même ne l'a pas prévu ? mais est ce que tous les orateurs qui ont pris part à sa discussion, ne l'ont pas prévu ? mais est-ce que

à côté du mal le législateur prudent n'a pas placé le
remède? mais est-ce que l'art. 4 ne dispose pas que le
rendement sera relevé

pour la campagne 1887-88 à . . . . . 6,25 %
pour la campagne 1888-89 à . . . . . 6,50 %
pour la campagne 1889-90 à . . . . . 6,75 %
pour les campagnes 1890-91 et suivantes à. 7,00 %

mais est-ce que le ministre des finances lui-même ne l'a
pas prévu quand il disait à la tribune : « Mais si le ren-
« dement que nous avons prévu était dépassé de beaucoup,
« le gouvernement et les chambres auraient toujours le
« droit de reviser le taux de ce rendement, c'est-à-dire de
« le relever, mais on ne recourrait à cette mesure que si
« la nécessité en était absolument démontrée. »

Après cette déclaration est-il besoin, Messieurs, de
chercher un autre remède? Et cette élévation de rendement que la loi édictait à partir de 1887-88, et qu'elle n'a
fort sagement édictée qu'à partir de cette date afin de
laisser aux arriérés et aux déshérités le temps de se mettre
au niveau, qui donc empêchera le gouvernement d'en
relever le taux? Ce sera son droit, et son droit légitime, à
la condition toutefois d'en prévenir cultivateurs et fabricants, dès le courant de cette année, afin qu'ils sachent
sur quelles bases conclure leurs traités pour l'année
prochaine.

On nous dit que le département du Nord serait quelque
peu opposé à l'élévation, le cas échéant, du taux légal du
rendement, sous prétexte que les fabricants de cette
région ne peuvent obtenir de betteraves riches. Cette
affirmation nous paraît d'autant plus singulière, que c'est
dans ce département que se cultivent depuis longtemps
les betteraves les plus riches et que c'est dans ce département aussi que se trouvent les producteurs de graines qui
fournissent la semence de betteraves et à la presque
totalité des sucreries françaises et à une partie des

sucreries allemandes, autrichiennes et russes. Si, d'ailleurs, nous consultons le tableau des rendements publié le 15 mai par l'administration, nous voyons que les fabriques abonnées ont eu :

Dans le département du Nord, une prise en charge de 21,353^T et 7,664^T d'excédents, soit 35,9 pour °/₀ ;

Et dans le département de la Somme, une prise en charge de 28,195^T et 11,197^T d'excédents, soit 39,7 pour °/₀ ;

Chiffres qui ne présentent qu'un très-faible écart.

D'autre part les fabricants du Nord, par suite de la proximité des charbonnages, de la facilité et du bon marché de la main d'œuvre, ont de grands avantages sur leurs concurrents de la Somme, surtout sur ceux de notre rayon.

Ces motifs rendraient peu compréhensibles et peu sérieuses les objections que le département du Nord pourrait faire, s'il est vrai qu'il en fait, au relèvement du taux légal que nous considérons comme sa seule panacée.

C'est l'Allemagne, vous le savez, Messieurs, qui a failli nous écraser par sa puissante organisation ; aussi est-ce à l'Allemagne que nous avons emprunté les armes dont nous avions besoin pour nous défendre. Nous les avons depuis moins de deux ans et vous voyez, par les résultats déjà acquis, qu'elles ne sont pas restées inertes et stériles entre nos mains. L'exemple que nous donnait notre adversaire était donc bon à suivre ; permettez-nous de l'invoquer encore une fois.

Jamais l'Allemagne n'a modifié le principe de sa loi. Elle s'est toujours bornée à élever le taux de l'accise au fur et à mesure que l'augmentation des rendements industriels obtenue par les progrès de l'agriculture et de l'industrie le permettait. Elle a toujours écarté systéma-tiquement toutes les autres modifications et a rejeté encore dernièrement une proposition consistant à imposer les sucres extraits des mélasses. Cependant l'Allemagne aussi a des déficits dans son budget ; elle a besoin d'y

faire face ; et devant cette nécessité que fait-elle ? Elle dit
au fabricant : Vos rendements sont notablement supé-
rieus à ceux auxquels vous étiez taxés, vous pourrez
supporter une légère augmentation de droit ; aussi vais-je
vous imposer à 17 marcks au lieu de 16 par 1,000 kilog.
de betteraves, (ce qui correspondrait en France à une
élévation de rendement de 0,25 %, (voir la note 1) puis,
afin de rendre l'exportation moins onéreuse pour le Trésor,
vous ne jouirez plus à la sortie que d'un drawback de 17
marcks 25 au lieu de 18 marcks à partir du 30 septembre
1887. (Ces renseignements sont tirés du n° du 14 mai, page
856, de la *Deutsch Zucker industrie*).

Vous voyez, Messieurs, avec quelle prudence, avec
quelle circonspection l'empire allemand touche à sa législation sucrière, et comme il en avertit à l'avance les inté-
ressés, alors même que les changements introduits sont
de minime importance. Pourquoi le gouvernement français n'agit-il pas de même ? Or, non-seulement il médite
des réformes importantes qui ne tendent à rien moins
qu'à renverser le principe même de la législation de 1884,
mais, chose inexplicable, il veut que l'application en soit
immédiate. Il est, en effet, un point de projet gouvernemental sur lequel nous ne nous sommes pas encore expli-
qués, mais le moment est venu de le faire.

Ces changements considérables projetés par M. le
Sous-Secrétaire d'Etat aux finances ; cette révolution pro-
fonde dans le régime de la loi de 1884, vous pensez peut-
être qu'ils ne sont que mis à l'étude ; que leur date

---

(1) L'augmentation de l'impôt en Allemagne est de 17^m — 16^m = 1 marck,
c'est-à-dire 1,25. — A quel relèvement de rendement correspondrait en France
cette augmentation ?

Si 30   » d'impôt sont produits par 1,000 k. de betteraves au rendement de 6 %.
31 f. 25 seront produits par . 1,000 k.   —   —   x.

d'où se déduit par l'équation $\frac{x}{6} = \frac{31,25}{30}$ la valeur du rendement qui est
de 6,25 %.

d'application est encore lointaine, dans un an au plus tôt ;
qu'il n'en est donné connaissance aujourd'hui aux inté-
ressés que pour leur permettre de prendre en temps utile
les mesures qu'ils jugeront conformes à leurs intérêts ?
Eh bien ! vous êtes dans l'erreur. Ils doivent, dans la
pensée du gouvernement, être appliqués *hic et nunc*,
c'est-à-dire dès la fabrication prochaine dont les betteraves sont semées déjà depuis plus d'un mois. Mais,
direz-vous, la loi en France n'a jamais d'effet rétroactif.
Qu'importe ! vous sera-t-il répondu. Mais les fabricants
ont acheté leur betterave pour la campagne 1886-87 à un
prix basé sur l'entière possession de leurs excédents, par
conséquent, à un prix très-élevé. Si on leur enlève une
fraction de ces excédents (projet du gouvernement), ou si
on les limite à un certain chiffre (projet de la Commission), ils ne trouveront plus une rémunération suffisante
pour exécuter leurs contrats et ne seront plus en mesure
de payer à la culture les prix convenus ! Qu'importe encore ? Et cependant, si le fabricant, ruiné par cette sur-
prise, venait dire aux cultivateurs : la loi m'enlève une
fraction des ressources qui m'étaient nécessaires, qui m'é-
taient acquises, et sur lesquelles j'avais légitimement
compté pour vous acheter votre betterave tel ou tel prix;
je vous réduirai, en conséquence, les prix convenus entre
nous dans la proportion même où l'Etat réduit mes excédents, le cultivateur lui répondrait bien vite : je n'ai rien à
voir à ce qui se passe entre vous et le Gouvernement;
vous me paierez ma betterave au prix convenu, c'est-à-
dire 22 francs si elle a 6° de densité, 32 francs si elle en
a 7°, 42 francs si elle en a 8°; et, si vous ne voulez pas
vous exécuter de bonne volonté, les tribunaux sont là
pour vous y contraindre; et les tribunaux donneront
gain de cause au cultivateur, et ils auront raison.

Quelle sera donc la situation des malheureux fabricants
de sucre ? Elle n'est pas doûteuse, Messieurs, ce sera la

ruine pour le plus grand nombre, la faillite pour beaucoup. Aussi, Messieurs, est-ce avec un profond sentiment
de joie et de reconnaissance que nous avons vu la commission établir, comme principe, dans son article 14 que
toute modification au régime de 1884 ne serait applicable
qu'à partir de la campagne de 1887-88.

Nous voulons espérer que le gouvernement mieux
inspiré suivra l'exemple de la commission parlementaire
et ne se rendra pas coupable d'un acte qui aurait d'aussi
désastreuses conséquences et qui serait un véritable déni
de justice.

Prenons bien garde enfin de ne pas transformer notre
législation sucrière en une sorte de système à bascule,
dont chaque plateau s'élèverait ou s'abaisserait suivant le
degré de prospérité de la culture et de l'industrie. L'agriculture et la sucrerie se meurent en France ; la loi de 1884
les sauve. Mais voilà que le malade revient trop vite à la
santé ; vite, une saignée et la loi de 1884 est renversée.
Mais le malade n'était pas encore en état de supporter la
saignée ; sa situation empire et empire à tel point qu'il
n'a plus que quelques instants à vivre ; le médecin inquiet
revient à la hâte à sa première ordonnance ; la loi est
restaurée. Plaise à Dieu qu'à ce moment il reste encore
assez de force au malade si éprouvé pour supporter le
remède ! Le plus prudent ne serait-il pas de ne point tenter
l'expérience. Telle est, cependant, l'image que présente en
ce moment l'instabilité législative du régime des sucres.
Prenons bien garde que cette instabilité, qui tue toute
confiance dans l'avenir et rend précaire toute transaction
à long terme, n'ait pour conséquence, et cette fois sans
remède, la mort de notre belle et grande industrie
sucrière et l'anéantissement de l'agriculture si courageuse
et jadis si vivace de nos départements du Nord.

En résumé, Messieurs, et en raison des considérations qui précèdent, considérations trop longues, peut-être, mais que la gravité de la situation nous a obligés de développer afin de les rendre bien tangibles, il est de l'intérêt majeur de l'agriculture et de la sucrerie française, comme aussi du Trésor qu'il ne soit fait que le moins de changement possible à la loi de 1884 et qu'on se borne seulement à compléter les lacunes qu'elles présente depuis l'origine. Nous vous proposerons, en conséquence, de demander au Gouvernement et aux Chambres :

1° De maintenir intact le principe de la loi de 1884, c'est-à-dire l'article 3 tel qu'il est ;

2° De rendre indéfinie la surtaxe non remboursable de 7 francs établie pour 2 ans par son art. 10, sur les sucres étrangers importés des pays d'Europe, et de l'étendre à tous les sucres, sans distinction d'origine, à la seule exception des sucres des colonies françaises.

3° De fixer à 85 °/₀ le rendement minimum, fixé à 80 °/₀ par son art. 9, des sucres importés, sans distinction d'origine, à l'exception des sucres des colonies françaises, pour lesquels le rendement de 80 °/₀ pourrait être maintenu.

4° De modifier, si la nécessité en est démontrée, mais seulement à partir de la campagne 1887-88, l'art. 4, en relevant, dans telle proportion qu'il conviendra pour assurer les recettes du Trésor, les rendements qui y sont fixés.

La Chambre, après la lecture de ce rapport, adresse ses félicitations à M. GARRY pour son étude si complète et si claire, elle déclare adopter après discussion le dit rapport et les conclusions qu'il formule, et les transformer en délibération.

Elle décide que ce rapport sera imprimé *in extenso*, et adressé à MM. les Ministres du Commerce, de l'Agriculture et des Finances, ainsi qu'à MM. les Députés.

Pour copie conforme :

Le Président de la Chambre de Commerce,

A. MONCHAUX.

Le Secrétaire,

H. GAVELLE.

Abbeville, imprimerie C. Paillart.

www.ingramcontent.com/pod-product-compliance
Lightning Source LLC
Chambersburg PA
CBHW070751220326
41520CB00053B/3899